Warren Edward Buffett (* 30. August 1930 in Omaha, Nebraska)
ist ein US-amerikanischer Großindustrieller (Investment-Tycoon)
und mit einem geschätzten Privatvermögen von 62 Milliarden US-
Dollar (Forbes, 2008) der reichste Mensch der Welt. Der Großteil
seines Vermögens ist in der von ihm aufgebauten Investment-Firma
Berkshire Hathaway angelegt. Am 25. Juni 2006 kündigte er an,
85 % seines Vermögens nach und nach an fünf Stiftungen
verschenken zu wollen.[1] Der Großteil soll an die Bill & Melinda
Gates Foundation gehen, ein kleinerer Anteil soll auf die vier
Buffett-Familien-Stiftungen verteilt werden.

Bibliografische Information der Deutschen Nationalbibliothek
Die Deutsche Nationalbibliothek verzeichnet diese Publikation in der
Deutschen Nationalbibliografie; detaillierte bibliografische Daten sind im Internet
über http://dnb.d-nb.de abrufbar.

Persönlichkeiten kompakt:

Warren Buffett

Herstellung und Verlag: Books on Demand GmbH, Norderstedt
© 2008 **spin**books, Dirk Glebe

ISBN: 978-3-8370-7374-4

spinbooks
Petra Glebe
Postfach 12 02 32
42332 Wuppertal

www.spinbooks.de
info@spinbooks.de

 Persönlichkeiten kompakt

Warren Buffett: Der reichste Mann der Welt,
sein Leben, seine Strategien

[4]

Inhalt

Persönlichkeiten kompakt

Persönlichkeiten kompakt

Leben bis 1956

Warren Buffett ist das zweite Kind des Brokers und späteren
Kongressabgeordneten (1942 - 1948, 1950 - 1952) Howard Buffett
und dessen Frau Leila (geb. Stahl) in Omaha, Nebraska. Er war mit
Susan Buffett (geb. Thompson) von 1952 bis zu ihrem Tod am 29.
Juli 2004 verheiratet. Aus der Ehe sind die drei gemeinsamen Kinder
Howard, Susan und Peter hervorgegangen. Buffett hatte mit Susans
Zustimmung seit Ende der siebziger Jahre eine weitere Partnerschaft
mit Astrid Menks.

Sein erstes Geld verdiente Buffett im Sommer 1936, indem er Coca-
Cola Sixpacks für 25 Cent kaufte und die Flasche für 5 Cent
verkaufte. Später verdiente er Geld als Zeitungsbote, mit der
Vermietung von Flipperautomaten und dem Verkauf gebrauchter
Golfbälle. Seine ersten Erfahrungen mit Geldanlagen und dem
Aktiengeschäft machte er in der Firma seines Vaters. Dort erwarb er
im Alter von 11 Jahren seine ersten drei Aktien der Firma Cities
Service Preferred für 38,25 $ und verkaufte sie, nachdem die Aktie
zwischenzeitlich auf 27 $ fiel, für ca. 40 $. Einige Jahre nachdem
Buffett die Aktien verkauft hatte, stiegen sie auf über 200 $. Mit 14
Jahren kaufte er eine 16 ha große Farm in Omaha für US$ 1.200, die
er verpachtete. Als er 17 war, kauften er, ein Freund und eine
Freundin einen Rolls Royce für 350 $, um diesen für 35 $ pro Tag zu
vermieten.

Nach Studien an der Wharton School und der University of Nebraska
erwarb er 1951 an der Columbia University in New York den
„master in economics". Dort war einer seiner Lehrer der „Vater der
Fundamentalanalyse", Benjamin Graham. Danach arbeitete er in der

Persönlichkeiten kompakt

Firma seines Vaters, Buffett-Falk & Company. Während dieser Zeit absolvierte er einen Dale-Carnegie-Kurs für Kommunikation und Menschenführung und hielt darauf hin seine erste Vorlesung an der University of Nebraska zum Thema „Investment Principles". 1954 nahm er dann das Angebot seines ehemaligen Lehrers Graham an, in dessen Brokerfirma Graham-Newman als Wertpapieranalyst zu arbeiten.

 Persönlichkeiten kompakt

1956 – 1969

Buffett Partnership

Nachdem sich Graham 1956 ins Privatleben zurückgezogen hatte, gründete Buffett 25-jährig am 1. Mai 1956 in Omaha seine erste private Kommanditgesellschaft (Buffett Partnership) mit einer eigenen symbolischen Einzahlung von US$ 100. Weitere US$ 105.000 wurden von sieben Verwandten und Bekannten beigesteuert.

Der im Laufe der Jahre nach Teilnehmern und Einlagen kräftig wachsende Investmentpool erzielte von 1956 bis 1969 ein durchschnittliches jährliches Anlageergebnis von 29,5 % (dabei verdiente Buffett 25 % des über 6 % hinausgehenden Anlageergebnisses). Für die Anfangsinvestoren wurden so (nach Abzug von Buffetts Erfolgsanteil) aus US$ 10.000 sagenhafte US$ 150.000, im gleichen Zeitraum hätte eine Investition in den Dow-Jones-Index lediglich einen Betrag von etwas mehr als US$ 15.000 ergeben.

Gegen Ende der 60er Jahre beunruhigte Buffett die immer stärker auf kurzfristige Kurssteigerungen und hochspekulative Aktien setzende Atmosphäre an der Wall Street. So schrieb er schon 1967 in einem Brief an seine Anleger: „Ich kann mit den herrschenden Bedingungen nichts mehr anfangen". Nach dem Zusammenbruch der hochriskanten Aktien und Investmentfonds 1969 bis 1971 sollten die 60er Jahre in der Rückschau als „Go-Go-Years" bekannt werden (benannt nach dem gleichnamigen Buch des bekannten Autors John Brooks), besonders personifiziert durch Personen wie Fred Carr

(Enterprise Fund), Fred Mates (Mates Fund), Gerald T'Sai (Manhattan Fund) und nicht zuletzt Bernard Cornfeld und sein Investors Overseas Services Imperium.

[14]

 Persönlichkeiten kompakt

Ab 1969

Konsequenterweise löste Buffett 1969 den Investmentpool auf und bot seinen Investoren an, ihr Geld in Anteile von Berkshire Hathaway zum damaligen Kurs von etwa 43 US$/Anteil (ein solcher Anteil war im Dezember 2007 ungefähr US$ 150.000 wert) zu tauschen.

Die von ihm 1965 für seinen Investmentpool erworbene Firma Berkshire Hathaway diente ihm in der Folge als Investitionsvehikel, das er im Laufe der Zeit von einer Textilfirma in eine Holdinggesellschaft mit Schwerpunkt im Versicherungsgeschäft umwandelte – mit mittlerweile 66 eigenen Firmen und vielen weiteren Beteiligungen.

Buffett, der auch den Spitznamen „Orakel von Omaha" trägt, hat sich und die ihm vertrauenden Anleger durch in der Summe überragende Anlageentscheidungen zu wohlhabenden Menschen gemacht.

Buffett besaß Anfang 1970 neben Berkshire Hathaway noch Beteiligungen an den Firmen Diversified Retailing und Blue Chip Stamps. Diese beiden Unternehmen fusionierte er später mit Berkshire Hathaway (1979 Diversified Retailing, 1982 Blue Chip Stamps), nachdem es nicht zuletzt aufgrund vermuteter Interessenkonflikte (Blue Chip Stamps war ebenfalls eine Art Investmentholding) Mitte der 70er Jahre zu einer Ermittlung der amerikanischen Börsenaufsicht SEC gegen ihn gekommen war.

Einer breiten Öffentlichkeit war Buffett lange Zeit unbekannt. Das änderte sich erst, als der bekannte Finanzbuchautor George W. Goodman (besser bekannt unter seinem Pseudonym „Adam Smith")

Persönlichkeiten kompakt

1972 Warren Buffett und Benjamin Graham ein eigenes Kapitel in seinem Buch „Supermoney" widmete.

An der Wall Street hatte der Zusammenbruch der hochspekulativen Aktien Ende der 60er zu einer Flucht in Aktien von soliden Firmen mit guten Gewinnen und bewährten Erfolgsgeschichten geführt. Durch die Massenbewegung in die sogenannten „Nifty-Fifty" oder „Vestal-Virgins" wurden jetzt deren Kurse, wie vorher die der spekulativen Aktien, in immer unwahrscheinlichere Höhen getrieben. Schließlich sollte auch diese Blase 1973/74 platzen. Erst Ende 1974, fast am Ende eines 5-jährigen Bärenmarktes, der die schlimmsten Kursverluste seit der Großen Depression gebracht hatte, sollte sich Buffett zu Wort melden. In einem Forbes-Interview sagte er: „Jetzt ist die Zeit zu investieren und reich zu werden." Buffett selbst hatte schon vor 1974 viele Beteiligungen erworben. Als bis heute hochprofitable Investitionen sollten sich dabei die 1973 erfolgte Beteiligung an der Washington Post und der Erwerb des Süßwarenherstellers See's Candies 1972 (über Blue Chip Stamps) erweisen.

Buffett lebt noch heute in dem Haus in Omaha, das er 1958 für 31.500 US$ erworben hat.

In den 80er Jahren machte Buffett Schlagzeilen durch den Aufbau größerer Aktienbestände von Coca-Cola, American Express und Gillette. Daneben erwarb Berkshire Hathaway auch immer wieder Firmen komplett (so 1983 die erfolgreiche Möbelfirma Nebraska Furniture Mart). Weiterhin erregte er großes Aufsehen, als er 1991

das durch einen Skandal um Manipulationen bei der Versteigerung amerikanischer Staatsanleihen in existentielle Not geratene Wall Street Haus Salomon Brothers vor dem Untergang rettete.

Buffetts Frau Susan entschied sich 1977 nach 25-jährigem Zusammenleben, nicht mehr mit Buffett zusammenzuleben, und zog nach San Francisco, um als Sängerin und politische Aktivistin zu arbeiten, hielt jedoch bis zu ihrem Tod 2004 eine Partnerschaft mit ihm aufrecht. Susan machte Buffett dann mit Astrid Menks bekannt, die mit ihrem Einverständnis seine ständige Begleiterin wurde und mit ihm zusammenzog. Dabei traten Warren und Susan weiterhin als Paar auf. Susan und Astrid verstanden sich gut – Freunde erhielten oft Einladungen, welche alle drei unterschrieben hatten. Die Beziehung von Warren, Susan und Astrid kann als polyamore Dreiecksbeziehung bezeichnet werden. An seinem 76. Geburtstag heiratete Buffett Astrid Menks im Haus seiner Tochter Susie.[2] [3] [4] [5]

Berkshire Hathaway

1965 erwarb Buffet für seinen Investmentpool die Mehrheit an
„Berkshire Hathaway".

1969 löste Buffett diesen Investmentpool auf und bot den Investoren
an, ihr Geld in Anteile von Berkshire Hathaway zum damaligen Kurs
von etwa 43 US$/Anteil zu tauschen. (Wert im März 2008 ca.
130.000 US$)

Zu diesem Zeitpunkt hatte er durch den Kauf einer Versicherung
(National Indemnity), einer Zeitung (Sun Newspapers of Omaha)
sowie einer Bank (Illinois National Bank&Trust) das noch
vorhandene Kapital von Berkshire Hathaway bereits teilweise in
textilfremde Beteiligungen investiert (er wiederholte damit ein
Verhalten, das er bereits 1962 nach dem Erwerb der Mehrheit an der
Firma Dempster Mill gezeigt hatte: Das Kapital eines wenig
aussichtsreichen Firmengeschäftes in vielversprechendere
Beteiligungen fließen zu lassen).

Der Schwerpunkt der Geschäftstätigkeit von Berkshire Hathaway
liegt heute neben passiven Beteiligungen im Geschäft der
mittlerweile über 60 in verschiedensten Geschäftsfeldern tätigen
Eigengesellschaften und im Erst- und Rückversicherungsgeschäft,
dokumentiert durch die Eigengesellschaften Berkshire Hathaway
Reinsurance Group und Berkshire Hathaway Primary Group sowie
GEICO (fünftgrößter Kfz-Versicherer der USA) und General Re
(viertgrößter Rückversicherer der Welt).

Trotz der Größe, die Berkshire Hathaway mittlerweile erreicht hat,
ist es Buffett immer wieder gelungen, überdurchschnittliche

Persönlichkeiten kompakt

Anlageergebnisse zu erzielen, wenn auch das jährliche Anlageergebnis auf mittlerweile „nur noch" 21,9 % seit 1965 gesunken ist. Buffetts Vermögen wird zu 99 % durch seine Beteiligung an Berkshire Hathaway repräsentiert.

Auf den Hauptversammlungen erregt Buffet immer wieder Aufmerksamkeit durch scharfsinnige, selbstkritische und humorvolle Bemerkungen in den Jahresberichten. Die Jahreshauptversammlungen, die zuletzt von mehr als 20.000 Menschen besucht wurden, tragen mittlerweile den Namen *„Woodstock für Kapitalisten"*.

Buffett besitzt derzeit (2007) 31 % der Anteile von Berkshire Hathaway.

[22]

 Persönlichkeiten kompakt

Anlagegrundsätze

Buffetts Anlagestrategie ist vor allem durch die Anlagegrundsätze seines Lehrers Benjamin Graham geprägt, die dieser in den Büchern Security Analysis und The Intelligent Investor aufgestellt hat.

Zentrales Anlagekriterium ist dabei das Konzept der „Sicherheitsmarge". Der Erwerber eines Wertpapiers soll demnach den inneren Wert des Papiers ermitteln und prüfen, ob der Preis dieses Wertpapiers an der Börse zu seinen Gunsten niedriger ist als der ermittelte Wert. Der innere Wert wird dabei durch viele Faktoren bestimmt, die bei Graham vor allem nach quantitativen objektiven Kriterien (Liquidationswert des Unternehmens, KGV, Kurs-Buchwert-Verhältnis, Verschuldungsgrad, Ertragskraft der Vergangenheit, Dividendenrendite) ermittelt werden.

Häufig ist zu lesen, dass er von Grahams Lehren mit der Zeit abgerückt sei, da er bei vielen Käufen stark auf qualitative Elemente Wert legte (Fähigkeiten und Integrität des Managements, Qualität des Geschäftes, Ertragskraft der Zukunft). Bei der Bewertung qualitativer Elemente wurde Buffett von Philip Fishers Buch Common Stocks and Uncommon Profits, vor allem aber von seinem Freund Charles Munger beeinflusst. Munger und Fisher fordern die Bereitschaft, das zu investierende Kapital stark in wenigen Beteiligungen zu konzentrieren und lehnen eine starke Diversifikation ab. Der qualitative Ansatz zeigte sich bei Buffett schon früh, als er beispielsweise 1964 Anteile der durch den Salatöl-Skandal in große Schwierigkeiten geratenen Bank American Express erwarb oder 1976 eine erste Beteiligung im vom Zusammenbruch bedrohten Versicherer GEICO aufbaute. In beiden Fällen betrachtete

Buffett die momentanen Probleme als überwindbar und das eigentliche Geschäft der Firmen als gesund und hochprofitabel.

Zwar hat Buffett immer wieder bei der Beurteilung des inneren Wertes eines Unternehmens starken Wert auf subjektive Kriterien gelegt, er hat aber die Grundlagen von Benjamin Grahams Anlagephilosophie nie verlassen. Kernpunkt bleibt, dass der Erwerb einer Firma zu einem sehr attraktiven Preis erfolgen muss.

Buffett selbst wird nicht müde zu erklären, dass sein Anlageerfolg kein Einzel- oder Zufallserfolg ist, sondern auf den Lehren von Graham beruht. Die „Sicherheitsmarge" und der innere Wert einer Firma können seiner Meinung nach von verschiedenen Investoren verschieden ermittelt werden. So präsentierte er 1984 bei einer Rede an der Columbia University mehrere Investoren (Stan Perlmeter, Bill Ruane, Walter Schloss), die durch die Beachtung von Grahams Prinzipien überragenden Anlageerfolg über lange Zeiträume gehabt haben. Buffett hat demgemäß lediglich einen weitergefassten und vielseitigeren Ansatz zur Ermittlung des inneren Wertes entwickelt als das bei Graham der Fall ist.

Immer wieder legt Buffett beim Erwerb einer Firma deutlich mehr Wert auf subjektive Elemente als Graham. So ist er bereit, für eine Firma und ihren in einem von ihm als großartig beurteilten Geschäft enthaltenen „Goodwill" einen deutlich über dem eigentlichen Buchwert liegenden Preis zu bezahlen (im Geschäftsbericht 1983 erläuterte er diesen Ansatz ausführlich sowohl allgemein als auch speziell am Beispiel von See's Candies). Die subjektive Ausrichtung

zeigt sich auch darin, dass Buffett den Vorsitzenden der Firmen, in die er investiert, großes Vertrauen entgegenbringt, sie und ihre Arbeitseinstellung sehr schätzt und ihnen fast völlige Freiheit bei der Führung der Geschäfte lässt, wobei er sich wünscht, dass sie so lange wie möglich weiterarbeiten.

Außerdem sollen Anleger nach Buffett nur in solche (möglichst „simple") Firmen investieren, deren Geschäft sie verstehen. Buffett, der nach seiner Ansicht nichts von Technologie versteht, hat deshalb so gut wie nie in technologielastige Firmen investiert. 1997 lehnte er das Angebot des damaligen Microsoft-Vizepräsidenten Jeff Raikes ab, in die Firma seines Freundes Bill Gates zu investieren, obwohl sich Raikes alle Mühe gab, ihn von den Vorzügen von Microsoft zu überzeugen.

Weiterhin soll sich der Investor immer als Teilhaber des Geschäftes und nicht als auf kurzfristige Kurssteigerungen schielender Spekulant sehen. Konsequenterweise soll der Anleger die Marktschwankungen ignorieren, da er bei einem wohldurchdachten Erwerb nach den Regeln der „Sicherheitsmarge" darauf vertrauen kann, dass sich diese irgendwann zu seinen Gunsten realisiert. Nach Buffett soll es ihm egal sein, wenn die Börse jahrelang geschlossen bleibt und er soll die erworbenen Aktien im Idealfall „für immer" erwerben.

Buffett selbst fasst die Charakteristiken eines lohnenden Investitionszieles immer wie folgt zusammen:
„Wir investieren nur in eine Firma, wenn wir (1) die Geschäfte verstehen, (2) die langfristigen Aussichten des Unternehmens gut

*sind (bewiesene Ertragskraft, gute Erträge auf das investierte
Kapital, keine oder nur geringe Verschuldung, attraktives Geschäft),
(3) die Firma von kompetenten und ehrlichen Managern geleitet wird
und (4) sehr attraktiv bewertet ist. "*

Buffetts Abneigung gegenüber Verschuldung zeigte sich, als er
einmal sagte, dass selbst eine 99 %-Wahrscheinlichkeit mit
geliehenem Geld eine höhere Rendite zu erzielen nicht das 1 %-
Risiko rechtfertigt, durch die Schulden in einem unvorhergesehenen
Fall in Schwierigkeiten zu geraten.

Man darf niemals vergessen, so Buffett, dass einem das Geld anderer
Menschen anvertraut wurde, daher sollte auch der kleinste
Geldbetrag mit äußerster Sorgfalt verwaltet werden.

[28]

 Persönlichkeiten kompakt

Stiftungen

In einem Interview mit dem US-Business-Magazin Fortune am 25. Juni 2006 gab Buffett, der von Berkshire Hathaway ein Jahresgehalt von 100.000 Dollar erhält, bekannt, einen Großteil seines Vermögens (zu diesem Zeitpunkt geschätzt ca. 37 Mrd. von 43 Mrd. Dollar) wohltätigen Organisationen, etwa fünf Sechstel (ca. 30 Mrd.) davon der Bill & Melinda Gates Foundation, spenden zu wollen.[6] Die Anteile sollen über mehrere Jahre überschrieben werden. Die erste Spende mit 500.000 B-Aktien hätte nach dem Schlusskurs vom 23. Juni 2006 einen Gesamtwert von rund 1,5 Milliarden Dollar. Tatsächlich spendete Buffet am 9. Juli 2007 572.375 B-Aktien, deren Marktwert am 6. Juli 2007 bei ca. 2,12 Milliarden Dollar lag.

Zu den Stiftungen, die von Buffett bedacht werden sollen, gehören:

- die „Bill & Melinda Gates Foundation",
- die „Susan Thompson Buffett Foundation",
- die „Howard G. Buffett Foundation",
- die „Susan A. Buffett Foundation"
- die „NoVo Foundation".

Zitate

- „Es herrscht Klassenkrieg, meine Klasse gewinnt, aber das sollte sie nicht." [7]
- (Original engl.: *"It's class warfare, my class is winning, but they shouldn't be."*)
- „Wenn Klassenkampf in Amerika geführt wird, gewinnt meine Klasse klar." [8]
- (Original engl.: *"If class warfare is being waged in America, my class is clearly winning."*)
- „Regel eins lautet: Verliere niemals Geld. Regel zwei lautet: Vergiss nie Regel eins." [9]
- „Der dümmste Grund eine Aktie zu kaufen, ist, weil sie steigt." [10]
- „Wer sich nach den Tipps von Brokern richtet, kann auch einen Friseur fragen, ob er einen neuen Haarschnitt empfiehlt." [11]
- „Konzentrieren Sie Ihre Investments. Wenn Sie über einen Harem mit vierzig Frauen verfügen, lernen Sie keine richtig kennen." [12]

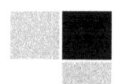

Persönlichkeiten kompakt

Value Investing

Warren Buffett: Der reichste Mann der Welt,
sein Leben, seine Strategien

Value Investing (engl.) bzw. **wertorientiertes Anlegen** (dt.) ist eine Anlagestrategie, bei welcher der Anleger versucht, durch aktives Stock Picking Aktien zu kaufen, die er für unterbewertet hält, um damit eine überdurchschnittliche Rendite zu erzielen. Zur Bewertung von Aktien bedient er sich der Fundamentalanalyse.

Als Urvater des Value Investing gilt Benjamin Graham mit seinem 1934 erschienen Buch *Security Analysis*, welches noch heute als "Bibel" für traditionelle Value-Investoren gilt. Seine Methoden orientieren sich weniger an der zukünftigen Ertragserwartung als am aktuellen Buchwert eines Unternehmens. Eine wichtige Kennzahl ist dabei das Kurs-Buchwert-Verhältnis, welches den aktuellen Börsenwert dem bilanziellen Eigenkapital gegenüberstellt.

Moderne **Value-Investoren** orientieren sich dagegen meist am Ertragswert, unter Umständen auch am Substanzwert von Unternehmen. Der bekannteste und vielleicht erfolgreichste Vertreter dieser Strategie ist Warren Buffett, der ein Student von Benjamin Graham war.

Ursprünge des Value Investing

Der wahrscheinlich einflussreichste Investor aller Zeiten war Benjamin Graham (1894-1976). Sein erstmals 1949 erschienenes Buch „The Intelligent Investor" bezeichnet Warren Buffett als das „mit Abstand beste Buch, das jemals für Anleger geschrieben wurde". Grahams Leben und Arbeit sind zur Inspirationsquelle vieler der heute erfolgreichsten Investoren geworden – unter ihnen Warren Buffett, John Templeton, Philip Fisher und Peter Lynch. Auch in Grahams erstem Buch „Security Analysis" von 1934 geht er als erster klar auf den fundamentalen Unterschied zwischen Investition und Spekulation ein. Außerdem erkannte Graham auch sehr früh, dass Aktienmärkte nicht immer effizient funktionieren und besonders auf kurze Sicht stark von menschlicher Psychologie beeinflusst werden können. Wenn man also Aktien kauft, sollte man sich verhalten, wie wenn man sich an einem Unternehmen beteiligt, also unternehmerisch denken und sich nicht nur von steigenden Kursen blenden lassen. Obwohl Grahams Lehren über 70 Jahre zurückliegen, haben sie nichts von ihrer Gültigkeit verloren. Die weltweit erfolgreichsten Investoren arbeiten überwiegend nach den Prinzipien des Value Investing.

Methoden und Arbeitsweisen von Value Investoren

Grundsätzlich kann man sagen, dass das *Momentum Investing* (Investieren in Aktien mit überdurchschnittlicher Performance) sich daran orientiert, was momentan populär ist an der Börse. Im Gegensatz dazu orientiert sich die Philosophie des Value Investing eher daran, was momentan aus der Mode geraten ist. Obwohl der Name Value Investor demnach schon auf einen bestimmten Investment-Ansatz hindeutet, haben sich die meisten erfolgreichen „Value Investoren" schon sehr früh vom kategorischen Anlagedenken verabschiedet. Entscheidend ist die richtige Beurteilung von einzelnen Unternehmen und deren Bewertung, nicht jedoch in welcher Anlagekategorie sie sich befinden. Beim Value Investing geht es konkret um die Suche nach unterbewerteten Unternehmen. Darüber hinaus sollte ein Unternehmen über ein herausragendes Geschäftsmodell verfügen und möglichst hohe Wettbewerbsvorteile haben. In diesem Punkt ähnelt Value Investing dem Quality Investing. Ein Quality-Investor kauft ein Unternehmen jedoch weil es ein exzellentes Unternehmen ist und zudem ein attraktives Bewertungsniveau aufweist. Bei Value-Investoren steht eher die Bewertung des Unternehmens im Vordergrund. Aus diesem Grund reicht es Value-Investoren nicht nur, wirklich gute Unternehmen zu suchen und dann zu kaufen. Hat man ein interessantes Unternehmen gefunden, wird dessen zukünftige Ertragskraft in Relation zur aktuellen Bewertung des Unternehmens

gesetzt. Nur wenn der aktuelle Kurs zu einem deutlichen Abschlag von mindestens 30% zum inneren Wert des Unternehmens notiert, wird sich ein disziplinierter Value Investor engagieren. Dieser Abschlag ist die sog. „margin of safety", also die erforderliche Sicherheitsmarge für ein Investment. Sie ist das zentrale Anlagekonzept beim Value Investing.

Vergleichende Wertung

Heutzutage nutzen viele Menschen Empfehlungen, Computermodelle, Charts von Kursverläufen, Wirtschaftsprognosen, Zyklen bei Präsidentschaftswahlen und rein gefühlsmäßige Schätzungen, um zu entscheiden, wie und wo sie ihr Geld anlegen sollen. Wenn man stattdessen Investitionen am Kapitalmarkt und an der Börse als unternehmerische Beteiligung ansieht, anstatt sich ein Casino vorzustellen, wird man seine Chancen langfristig erhöhen und das Verlustpotential deutlich mindern. Dies genau ist der Unterschied zwischen einer Investition und einer Spekulation, und einer der wichtigsten Grundgedanken des Value Investing.

Quality Investing

Quality Investing ist eine Anlagestrategie, die auf der Identifikation von Investitionsobjekten mit überdurchschnittlich hohen Qualitätsmerkmalen basiert.

Die Idee des Quality Investing stammt aus der Welt von Anleihen und Immobilien, wo über Ratings und Gutachten die Qualität und auch der Preis des Investitionsobjekts bestimmt wird.

Bei Aktien werde mittels Fundamentalanalyse und durch aktives Stock Picking Titel identifiziert, die nach einer Vielzahl betriebswirtschaftlicher Grössen und Finanzkennzahlen qualitativ besonders hervorstechen. Quality-Investoren investieren zumeist auch nur in jene Qualitätstitel, die eine günstige Bewertung am Aktienmarkt aufweisen.

Geschichte des Quality Investing

Die Einteilung von Investitionsobjekten nach Qualitätsmerkmalen hat bei Anleihen und Immobilien eine lange Tradition. Ratings machen bei Anleihen von Unternehmen aber auch von Staaten eine Aussage über die Bonität des Schuldners und unterscheiden zwischen den beiden Qualitätsklassen „Investment Grade" und „Speculative Grade" – wobei letztere auch als „Junk" bezeichnet wird. Bei Immobilien erfolgt eine Qualitätsbeurteilung durch Experten oder sogenannte Sachverständige. Obwohl nicht gesetzlich geregelt, wird die Qualität anhand eines bestimmten Kriterienkatalogs bestimmt und dient zumeist der Wertermittlung der Immobilie.

Benjamin Graham, der Urvater des Value Investing, war der erste der die Qualitätsproblematik bei Aktien bereits in den 1930er Jahren erkannte und eine Unterscheidung zwischen Quality- und Low-Quality-Aktien vornahm. Von ihm stammt auch die Beobachtung, dass die grössten Verluste nicht dadurch entstehen, dass Qualität zu einem zu hohen Preis gekauft wird, sondern dadurch, dass man geringe Qualität zu scheinbar günstigen Kursen erwirbt.[1]

In der betriebswirtschaftlichen Fachliteratur erlangte das Qualitätsthema im Unternehmenskontext besonders durch die 1970 entwickelte BCG-Matrix verstärkt Aufmerksamkeit. Anhand der beiden Ausprägungsdimensionen Lebenszyklus und Erfahrungskurvenkonzept lassen sich Produkte innerhalb eines Unternehmens, aber auch Unternehmen selber, in zwei

Qualitätskategorien (Cash Cows und Stars) und zwei Nicht-Qualitätskategorien (Question Marks und Dogs) unterteilen und in einer Matrix darstellen. Weitere wichtige Werke zur betriebswirtschaftlichen Qualität von Unternehmen stammen vor allem aus der amerikanischen Management-Literatur. Dazu gehören beispielsweise In Search of Excellence von Thomas Peters und Robert Waterman, Built to Last von Jim Collins und Jerry Porras oder Good to Great von Jim Collins.

Quality Investing hat besonders nach Platzen der Börsenblase 2001 und spektakulären Pleiten wie Enron, Worldcom und Parmalat Auftrieb erfahren. Bilanzfälschungen und andere Finanzbetrügereien führten unter Investoren zu vermehrter Nachfrage nach einer gezielten Auswahl von Qualitätsaktien.

Identifikation von Quality-Aktien

Zur Identifikation von Quality-Aktien orientieren sich systematische Quality-Investoren in der Regel an einem definierten Kriterienkatalog. Dieser ist zumeist selbst entwickelt und wird kontinuierlich gepflegt. Selektionskriterien, die nachweislich einen Einfluss und Erklärungsgehalt auf den betriebswirtschaftlichen Erfolg eines Unternehmens haben, lassen sich in fünf Kategorien einteilen:[2]

1. Finanzkraft: Eine Überprüfung der Finanzkraft eines Unternehmens erfolgt massgeblich anhand der Bilanz und durch Vergleiche von Finanzkennzahlen mit Sektor- oder Marktdurchschnitten oder durch einen direkten Vergleich mit anderen Unternehmen. Dabei sollten die Zahlenwerte nicht isoliert betrachtet, sondern im Gesamtkontext des Unternehmens gesehen werden. Ein besonderes Augenmerk sollte den Erträgen, den Cashflows und Free Cashflows sowie der Verschuldung gewidmet werden. Auch die Quelle der Erträge sollte man unter die Lupe nehmen. Je mehr Erträge das Unternehmen im Kerngeschäft erwirtschaften kann, desto besser ist es tendenziell aufgestellt.

2. Kurspotential: Die Qualität und die günstige Aktienbewertung sind beim Quality Investing eng miteinander verknüpft. Während ein rigoroser Qualitätsfilter die Aktie teilweise vor Kurseinbrüchen aufgrund einer negativen Unternehmensentwicklung bewahren kann, garantiert die Einbeziehung einer günstigen Bewertung, dass die

Aktie mittel- bis langfristig den Markt schlägt. Bei der Bewertung gilt es besonders auf Discounted Cash Flows, das Kurs-Gewinn-Verhältnis sowie das Kurs-Buchwert-Verhältnis zu achten. Vergleicht man die ermittelten Werte mit Marktdurchschnitten erhält man ein Gefühl für die Bewertung der Aktie.

3. Geschäftsmodell: Die Analyse des Geschäftsmodells soll Aufschluss darüber liefern, mit welcher Strategie das Unternehmen welche Märkte mit welchem Sortiment bedient. Dabei spielt besonders der Wettbewerbsvorteil eine wichtige Rolle. Das Geschäftsmodell muss nachvollziehbar sein und sollte einerseits fokussiert auf die Kernexpertise, aber andererseits ausreichend diversifiziert sein. Die Geschäftsrisiken und die Geschäftsentwicklung müssen kalkulierbar sein und es muss einschätzbar sein, wie hoch das Ertragspotenzial für das Geschäftsmodell ist.

4. Marktumfeld: Eine Analyse des Marktumfelds ist für die Qualitätsbeurteilung eines Geschäftsmodells unerlässlich. Dabei sollte von einer Branchenbetrachtung abgesehen werden. Qualitätsunternehmen müssen sich in einem bestimmten Markt behaupten können und dürfen nicht nur aus einer unter Umständen schwachen Branche herausragen. Bei der Analyse des Marktumfelds spielt die potentielle Marktgrösse und die Positionierung des Unternehmens in diesem Markt eine ebenso grosse Rolle wie die zukünftige Marktentwicklung und der Wettbewerbsgrad. Wichtig ist zudem zu wissen, welche Profitabilität in diesem Markt erreicht

werden kann und mit welcher Kapitalintensität gerechnet werden muss.

5. Management: Ein Unternehmen ist zumeist nur so gut wie die Menschen, von denen es geführt wird. Eine Bewertung des Managements ist somit wichtig, aber auch relativ schwierig. Indikatoren für ein gutes Management können niedrige Fluktuationsraten sein. Wenig Wechsel, besonders im Managementteam, sind oft ein gutes Zeichen. Die Führungsorganisation eines Unternehmens sollte zudem logisch aufgebaut und klar strukturiert sein. Ein schneller Führungsrhythmus, d.h. häufige Vorstands- und Aufsichtsratssitzungen, können Indizien für gute Kommunikation und funktionierende Prozesse sein. Zudem sollte ein guter Kontakt zu den Shareholdern bestehen. Die Güte von Investor Relations kann Hinweise darauf liefern.

Quality vs. Value and Growth

Quality Investing ist ein Anlagestil, der unabhängig von Value Investing und Growth Investing betrachtet werden kann. Ein Quality Portfolio kann demnach sowohl Growth- als auch Value-Aktien enthalten.

Value Investing stützt sich heutzutage vornehmlich auf die Aktienbewertung. Gewisse Bewertungskennzahlen wie das Kurs-Gewinn- und das Kurs-Buchwert-Verhältnis spielen dabei eine zentrale Rolle. Value wird dabei entweder über das Bewertungsniveau im Vergleich zum Gesamtmarkt oder zum Sektor definiert oder aber als das Gegenteil von Growth. Eine fundamentale Unternehmensanalyse ist dabei eher zweitrangig. Ein Value-Investor kauft demnach ein Unternehmen, weil es in seinen Augen unterbewertet ist und es sich zudem ggf. um ein gutes Unternehmen handelt. Ein Quality-Investor kauft ein Unternehmen, weil es ein exzellentes Unternehmen ist und zudem ein attraktives Bewertungsniveau aufweist.

Modernes **Growth Investing** setzt vor allem auf Wachstumswerte. Gewinneinschätzungen von Experten werden dabei genauso zu Rate gezogen wie der Gewinn je Aktie. Nur Titel denen hohe zukünftige Gewinne und ein starkes Wachstum des Gewinns pro Aktie zugetraut werden, gelangen in das Portfolio von Growth Investoren. Die Frage, zu welchem Aktienpreis diese Gewinnerwartungen gekauft werden und auf welcher fundamentalen Basis das Wachstum fusst, sind dabei

 Persönlichkeiten kompakt

sekundär. Growth-Investoren kaufen somit vornehmlich Aktien mit grossem Gewinnwachstum und hohen Gewinnerwartungen, gleich welchen Bewertungsniveaus. Quality-Investoren bevorzugen Titel, deren hohes Gewinnwachstum auf einer soliden fundamentalen Basis aufbaut und die gleichzeitig einen gerechtfertigten Preis aufweisen.

[48]

 Persönlichkeiten kompakt

Weitere Warren Buffet-Zitate

"Der dümmste Grund eine Aktie zu kaufen, ist, weil sie steigt."

"Wer sich nach den Tipps von Brokern richtet, kann auch einen Friseur fragen, ob er einen neuen Haarschnitt empfiehlt."

"Wie erkennt man, wann man am besten Aktien kauft: "Die Tatsache, dass Leute gierig, ängstlich und töricht sind, lässt sich sehr wohl voraussehen. Nicht jedoch in welcher Reihenfolge."

"Wenn jemand gute Aktien hat, wäre er verrückt, wenn er nur wegen eines Kursrückschlags verkaufen würde. Ich suche Unternehmen, die ich verstehe und von deren Zukunftsaussichten überzeugt bin."

"Risiko entsteht dann, wenn Anleger nicht wissen, was sie tun."
(im Original: Risk comes from not knowing what you're doing.)

"Warum soll ich die zweitbeste Aktie kaufen, wenn ich die beste haben kann?"

"Reich wird, wer in Unternehmen investiert, die weniger kosten, als sie wert sind."

"Regel eins lautet: Nie Geld verlieren. Regel zwei lautet: Vergesse nie die Regel Nummer eins."

"Konzentrieren Sie Ihre Investments. Wenn Sie über einen Harem mit vierzig Frauen verfügen, lernen Sie keine richtig kennen."

"Investiere nur in eine Aktie, deren Geschäft du auch verstehst."

Persönlichkeiten kompakt

"Zeit ist der Freund von wunderbaren Unternehmen und der Feind von mittelmäßigen Unternehmen."

"Wenn die Geschichte alle Antworten lieferte, würde sich die Forbes-400-Liste der Reichsten der Welt aus Bibliothekaren zusammensetzen."

"Man sollte nur in Firmen investieren, die auch ein absoluter Vollidiot leiten kann, denn eines Tages wird genau das passieren!"

"Eine Aktie, die man nicht 10 Jahre zu halten bereit ist, darf man auch nicht 10 Minuten besitzen."

"Die meisten Leute interessieren sich für Aktien, wenn alle anderen es tun. Die beste Zeit ist aber, wenn sich niemand für Aktien interessiert."

"Die Frage, wie man reich wird, ist leicht zu beantworten. Kaufe einen Dollar, aber bezahle nicht mehr als 50 Cent dafür."

"Es ist schmerzlich auf soviel Geld zu sitzen. Aber noch schmerzlicher ist es, etwas Dummes damit anzustellen."

"Es herrscht Klassenkampf, meine Klasse gewinnt, aber das sollte sie nicht."

"Die Zukunft ist niemals klar: Schon für ein bisschen Gewissheit muss man einen hohen Preis zahlen. Unsicherheit ist deshalb der Freund von Langfrist-Investoren."

"Es ist besser ungefähr recht zu haben, als sich tödlich zu irren."

Warren Buffett: Der reichste Mann der Welt,
sein Leben, seine Strategien

"Ich versuche nie, mit Aktien Geld zu verdienen. Ich kaufe in der Überzeugung, dass die Börse am nächsten Tag auch für fünf Jahre schließen könnte."

"Glücklicherweise gibt es mehrere Wege, die zum Finanzhimmel führen."

"Ich denke nicht darüber nach, ob ein Markt nach oben oder nach unten geht. Ich kümmere mich nur darum, ob ich ein Unternehmen zu einem akzeptablen Preis kaufen kann. Ich sehe mich nicht als Teil eines Bullenmarkts, sondern als Teilhaber an wunderbaren Firmen. Ich muss zu einem Preis kaufen, der mich glücklich macht."

"Ich denke nie darüber nach, was die Börse machen wird. Ich weiß nicht, wie man die Börse oder die Zinsen oder die Konjunktur vorhersagen kann. Und ich habe keine Ahnung, ob die Börse in zwei Jahren höher oder tiefer stehen wird."

"Investieren ist kein Spiel, in dem derjenige mit einem IQ von 160 diejenigen mit einem IQ von 130 schlägt. Vernunft ist wesentlich."

"Kaufe nie eine Aktie, wenn du nicht damit leben kannst, dass sich der Kurs halbiert."

"Kaufen sie billig, verkaufen sie nie!"

"Solange unsere Investments in jedem Jahr 15 Prozent zulegen, mache ich mir um Quartalszahlen keine Sorgen."

Warren Buffett: Der reichste Mann der Welt,
sein Leben, seine Strategien

Einzelnachweise bis Seite 30

1. ↑ „Warren Buffett gives away his fortune", CNN, 25. Juni 2006
2. ↑ „How Does Warren Buffett Get Married? Frugally, It Turns Out." New York Times, 1. September 2006
3. ↑ „Buffett Ties Knot at Seafood Restaurant". The Age, Australien, 3. September 2006
4. ↑ „Buffett And His Belle Get Hitched", Forbes, 1. September 2006
5. ↑ Zusammenfassung (englisch)
6. ↑ *Reich & Edel: Warren Buffett spendet 85 Prozent seines Vermögens*, Aktien-Blog, 26. Juni 2006.
7. ↑ *Interview mit CNN, 19. Juni 2005, cnn.com*
8. ↑ *Jahresbrief an die Investoren seines Fonds "Berkshire Hathaway", 2003, berkshirehathaway.com*
9. ↑ [1]
10. ↑ *Handelsblatt, Die besten Zitate von Warren Buffett handelsblatt.com*
11. ↑ *Handelsblatt, Die besten Zitate von Warren Buffett handelsblatt.com*
12. ↑ *Handelsblatt, Die besten Zitate von Warren Buffett handelsblatt.com*

Dieses Werk unterliegt der GNU-Lizenz für freie Dokumentationen, die nachstehend im englischen Originalwortlaut wiedergegeben ist. Im Rahmen dieser Bestimmungen dürfen die Texte kopiert und weiter veröffentlicht werden.

GNU Free Documentation License

Version 1.2, November 2002

0. PREAMBLE

The purpose of this License is to make a manual, textbook, or other functional and useful document "free" in the sense of freedom: to assure everyone the effective freedom to copy and redistribute it, with or without modifying it, either commercially or noncommercially. Secondarily, this License preserves for the author and publisher a way to get credit for their work, while not being considered responsible for modifications made by others.

This License is a kind of "copyleft", which means that derivative works of the document must themselves be free in the same sense. It complements the GNU General Public License, which is a copyleft license designed for free software.

We have designed this License in order to use it for manuals for free software, because free software needs free documentation: a free program should come with manuals providing the same freedoms that the software does. But this License is not limited to software manuals; it can be used for any textual work, regardless of subject matter or whether it is published as a printed book. We recommend this License principally for works whose purpose is instruction or reference.

1. APPLICABILITY AND DEFINITIONS

This License applies to any manual or other work, in any medium, that contains a notice placed by the copyright holder saying it can be distributed under the terms of this License. Such a notice grants a world-wide, royalty-free license, unlimited in duration, to use that work under the conditions stated herein. The "Document", below, refers to any such manual or work. Any member of the public is a licensee, and is addressed as "you". You accept the license if you copy, modify or distribute the work in a way requiring permission under copyright law.

A "Modified Version" of the Document means any work containing the Document or a portion of it, either copied verbatim, or with modifications and/or translated into another language.

A "Secondary Section" is a named appendix or a front-matter section of the Document that deals exclusively with the relationship of the publishers or authors of the Document to the Document's overall subject (or to related matters) and contains nothing that could fall directly within that overall subject. (Thus, if the Document is in part a textbook of mathematics, a Secondary Section may not explain any mathematics.) The relationship could be a matter of historical connection with the subject or with related matters, or of legal, commercial, philosophical, ethical or political position regarding them.

The "Invariant Sections" are certain Secondary Sections whose titles are designated, as being those of Invariant Sections, in the notice that says that the Document is released under this License. If a section does not fit the above definition of Secondary then it is not allowed to be designated as Invariant. The Document may contain zero Invariant Sections. If the Document does not identify any Invariant Sections then there are none.

Warren Buffett: Der reichste Mann der Welt,
sein Leben, seine Strategien

The "Cover Texts" are certain short passages of text that are listed, as Front-Cover Texts or Back-Cover Texts, in the notice that says that the Document is released under this License. A Front-Cover Text may be at most 5 words, and a Back-Cover Text may be at most 25 words.

A "Transparent" copy of the Document means a machine-readable copy, represented in a format whose specification is available to the general public, that is suitable for revising the document straightforwardly with generic text editors or (for images composed of pixels) generic paint programs or (for drawings) some widely available drawing editor, and that is suitable for input to text formatters or for automatic translation to a variety of formats suitable for input to text formatters. A copy made in an otherwise Transparent file format whose markup, or absence of markup, has been arranged to thwart or discourage subsequent modification by readers is not Transparent. An image format is not Transparent if used for any substantial amount of text. A copy that is not "Transparent" is called "Opaque".

Examples of suitable formats for Transparent copies include plain ASCII without markup, Texinfo input format, LaTeX input format, SGML or XML using a publicly available DTD, and standard-conforming simple HTML, PostScript or PDF designed for human modification. Examples of transparent image formats include PNG, XCF and JPG. Opaque formats include proprietary formats that can be read and edited only by proprietary word processors, SGML or XML for which the DTD and/or processing tools are not generally available, and the machine-generated HTML, PostScript or PDF produced by some word processors for output purposes only.

The "Title Page" means, for a printed book, the title page itself, plus such following pages as are needed to hold, legibly, the material this License requires to appear in the title page. For works in formats which do not have any title page as such, "Title Page" means the text near the most prominent appearance of the work's title, preceding the beginning of the body of the text.

A section "Entitled XYZ" means a named subunit of the Document whose title either is precisely XYZ or contains XYZ in parentheses following text that translates XYZ in another language. (Here XYZ stands for a specific section name mentioned below, such as "Acknowledgements", "Dedications", "Endorsements", or "History".) To "Preserve the Title" of such a section when you modify the Document means that it remains a section "Entitled XYZ" according to this definition.

The Document may include Warranty Disclaimers next to the notice which states that this License applies to the Document. These Warranty Disclaimers are considered to be included by reference in this License, but only as regards disclaiming warranties: any other implication that these Warranty Disclaimers may have is void and has no effect on the meaning of this License.

2. VERBATIM COPYING

You may copy and distribute the Document in any medium, either commercially or noncommercially, provided that this License, the copyright notices, and the license notice saying this License applies to the Document are reproduced in all copies, and that you add no other conditions whatsoever to those of this License. You may not use technical measures to obstruct or control the reading or further copying of the copies you make or distribute. However, you may accept compensation in exchange for copies. If you distribute a large enough number of copies you must also follow the conditions in section 3.

You may also lend copies, under the same conditions stated above, and you may publicly display copies.

3. COPYING IN QUANTITY

If you publish printed copies (or copies in media that commonly have printed covers) of the Document, numbering more than 100, and the Document's license notice requires Cover Texts, you must enclose the copies in covers that carry, clearly and legibly, all these Cover Texts: Front-Cover Texts on the front cover, and Back-Cover Texts on the back cover. Both covers must also clearly and legibly identify you as the publisher of these copies. The front cover must present the full title with all words of the title equally prominent and visible. You may add other material on the covers in addition. Copying with changes limited to the covers, as long as they preserve the title of the Document and satisfy these conditions, can be treated as verbatim copying in other respects.

If the required texts for either cover are too voluminous to fit legibly, you should put the first ones listed (as many as fit reasonably) on the actual cover, and continue the rest onto adjacent pages.

 Persönlichkeiten kompakt

If you publish or distribute Opaque copies of the Document numbering more than 100, you must either include a machine-readable Transparent copy along with each Opaque copy, or state in or with each Opaque copy a computer-network location from which the general network-using public has access to download using public-standard network protocols a complete Transparent copy of the Document, free of added material. If you use the latter option, you must take reasonably prudent steps, when you begin distribution of Opaque copies in quantity, to ensure that this Transparent copy will remain thus accessible at the stated location until at least one year after the last time you distribute an Opaque copy (directly or through your agents or retailers) of that edition to the public.

It is requested, but not required, that you contact the authors of the Document well before redistributing any large number of copies, to give them a chance to provide you with an updated version of the Document.

4. MODIFICATIONS

You may copy and distribute a Modified Version of the Document under the conditions of sections 2 and 3 above, provided that you release the Modified Version under precisely this License, with the Modified Version filling the role of the Document, thus licensing distribution and modification of the Modified Version to whoever possesses a copy of it. In addition, you must do these things in the Modified Version:

- **A.** Use in the Title Page (and on the covers, if any) a title distinct from that of the Document, and from those of previous versions (which should, if there were any, be listed in the History section of the Document). You may use the same title as a previous version if the original publisher of that version gives permission.

- **B.** List on the Title Page, as authors, one or more persons or entities responsible for authorship of the modifications in the Modified Version, together with at least five of the principal authors of the Document (all of its principal authors, if it has fewer than five), unless they release you from this requirement.

- **C.** State on the Title page the name of the publisher of the Modified Version, as the publisher.

- **D.** Preserve all the copyright notices of the Document.

- **E.** Add an appropriate copyright notice for your modifications adjacent to the other copyright notices.

- **F.** Include, immediately after the copyright notices, a license notice giving the public permission to use the Modified Version under the terms of this License, in the form shown in the Addendum below.

- **G.** Preserve in that license notice the full lists of Invariant Sections and required Cover Texts given in the Document's license notice.

- **H.** Include an unaltered copy of this License.

- **I.** Preserve the section Entitled "History", Preserve its Title, and add to it an item stating at least the title, year, new authors, and publisher of the Modified Version as given on the Title Page. If there is no section Entitled "History" in the Document, create one stating the title, year, authors, and publisher of the Document as given on its Title Page, then add an item describing the Modified Version as stated in the previous sentence.

- **J.** Preserve the network location, if any, given in the Document for public access to a Transparent copy of the Document, and likewise the network locations given in the Document for previous versions it was based on. These may be placed in the "History" section. You may omit a network location for a work that was published at least four years before the Document itself, or if the original publisher of the version it refers to gives permission.

- **K.** For any section Entitled "Acknowledgements" or "Dedications", Preserve the Title of the section, and preserve in the section all the substance and tone of each of the contributor acknowledgements and/or dedications given therein.

- **L.** Preserve all the Invariant Sections of the Document, unaltered in their text and in their titles. Section numbers or the equivalent are not considered part of the section titles.

- **M.** Delete any section Entitled "Endorsements". Such a section may not be included in the Modified Version.

- **N.** Do not retitle any existing section to be Entitled "Endorsements" or to conflict in title with any Invariant Section.

- **O.** Preserve any Warranty Disclaimers.

Warren Buffett: Der reichste Mann der Welt, sein Leben, seine Strategien

If the Modified Version includes new front-matter sections or appendices that qualify as Secondary Sections and contain no material copied from the Document, you may at your option designate some or all of these sections as invariant. To do this, add their titles to the list of Invariant Sections in the Modified Version's license notice. These titles must be distinct from any other section titles.

You may add a section Entitled "Endorsements", provided it contains nothing but endorsements of your Modified Version by various parties--for example, statements of peer review or that the text has been approved by an organization as the authoritative definition of a standard.

You may add a passage of up to five words as a Front-Cover Text, and a passage of up to 25 words as a Back-Cover Text, to the end of the list of Cover Texts in the Modified Version. Only one passage of Front-Cover Text and one of Back-Cover Text may be added by (or through arrangements made by) any one entity. If the Document already includes a cover text for the same cover, previously added by you or by arrangement made by the same entity you are acting on behalf of, you may not add another; but you may replace the old one, on explicit permission from the previous publisher that added the old one.

The author(s) and publisher(s) of the Document do not by this License give permission to use their names for publicity for or to assert or imply endorsement of any Modified Version.

5. COMBINING DOCUMENTS

You may combine the Document with other documents released under this License, under the terms defined in section 4 above for modified versions, provided that you include in the combination all of the Invariant Sections of all of the original documents, unmodified, and list them all as Invariant Sections of your combined work in its license notice, and that you preserve all their Warranty Disclaimers.

The combined work need only contain one copy of this License, and multiple identical Invariant Sections may be replaced with a single copy. If there are multiple Invariant Sections with the same name but different contents, make the title of each such section unique by adding at the end of it, in parentheses, the name of the original author or publisher of that section if known, or else a unique number. Make the same adjustment to the section titles in the list of Invariant Sections in the license notice of the combined work.

In the combination, you must combine any sections Entitled "History" in the various original documents, forming one section Entitled "History"; likewise combine any sections Entitled "Acknowledgements", and any sections Entitled "Dedications". You must delete all sections Entitled "Endorsements".

6. COLLECTIONS OF DOCUMENTS

You may make a collection consisting of the Document and other documents released under this License, and replace the individual copies of this License in the various documents with a single copy that is included in the collection, provided that you follow the rules of this License for verbatim copying of each of the documents in all other respects.

You may extract a single document from such a collection, and distribute it individually under this License, provided you insert a copy of this License into the extracted document, and follow this License in all other respects regarding verbatim copying of that document.

7. AGGREGATION WITH INDEPENDENT WORKS

A compilation of the Document or its derivatives with other separate and independent documents or works, in or on a volume of a storage or distribution medium, is called an "aggregate" if the copyright resulting from the compilation is not used to limit the legal rights of the compilation's users beyond what the individual works permit. When the Document is included in an aggregate, this License does not apply to the other works in the aggregate which are not themselves derivative works of the Document.

 Persönlichkeiten kompakt

If the Cover Text requirement of section 3 is applicable to these copies of the Document, then if the Document is less than one half of the entire aggregate, the Document's Cover Texts may be placed on covers that bracket the Document within the aggregate, or the electronic equivalent of covers if the Document is in electronic form. Otherwise they must appear on printed covers that bracket the whole aggregate.

8. TRANSLATION

Translation is considered a kind of modification, so you may distribute translations of the Document under the terms of section 4. Replacing Invariant Sections with translations requires special permission from their copyright holders, but you may include translations of some or all Invariant Sections in addition to the original versions of these Invariant Sections. You may include a translation of this License, and all the license notices in the Document, and any Warranty Disclaimers, provided that you also include the original English version of this License and the original versions of those notices and disclaimers. In case of a disagreement between the translation and the original version of this License or a notice or disclaimer, the original version will prevail.

If a section in the Document is Entitled "Acknowledgements", "Dedications", or "History", the requirement (section 4) to Preserve its Title (section 1) will typically require changing the actual title.

9. TERMINATION

You may not copy, modify, sublicense, or distribute the Document except as expressly provided for under this License. Any other attempt to copy, modify, sublicense or distribute the Document is void, and will automatically terminate your rights under this License. However, parties who have received copies, or rights, from you under this License will not have their licenses terminated so long as such parties remain in full compliance.

10. FUTURE REVISIONS OF THIS LICENSE

The Free Software Foundation may publish new, revised versions of the GNU Free Documentation License from time to time. Such new versions will be similar in spirit to the present version, but may differ in detail to address new problems or concerns. See http://www.gnu.org/copyleft/.

Each version of the License is given a distinguishing version number. If the Document specifies that a particular numbered version of this License "or any later version" applies to it, you have the option of following the terms and conditions either of that specified version or of any later version that has been published (not as a draft) by the Free Software Foundation. If the Document does not specify a version number of this License, you may choose any version ever published (not as a draft) by the Free Software Foundation.

ADDENDUM: How to use this License for your documents

To use this License in a document you have written, include a copy of the License in the document and put the following copyright and license notices just after the title page:

> Copyright (c) YEAR YOUR NAME.
> Permission is granted to copy, distribute and/or modify this document
> under the terms of the GNU Free Documentation License, Version 1.2
> or any later version published by the Free Software Foundation;
> with no Invariant Sections, no Front-Cover Texts, and no Back-Cover Texts.
> A copy of the license is included in the section entitled
> "GNU Free Documentation License".

If you have Invariant Sections, Front-Cover Texts and Back-Cover Texts, replace the "with...Texts." line with this:

> with the Invariant Sections being LIST THEIR TITLES, with the

Warren Buffett: Der reichste Mann der Welt,
sein Leben, seine Strategien

[60]

Front-Cover Texts being LIST, and with the Back-Cover Texts being LIST.

If you have Invariant Sections without Cover Texts, or some other combination of the three, merge those two alternatives to suit the situation.

If your document contains nontrivial examples of program code, we recommend releasing these examples in parallel under your choice of free software license, such as the GNU General Public License, to permit their use in free software.

 Persönlichkeiten kompakt